Recettes : Christophe Faveau
et Isabelle Stoufflet (pages 14, 22, 26, 30, 46 et 76)

Illustrations : Maud Legrand

ISBN : 978-2-0812-8697-9
Éditions Flammarion – 87, quai Panhard-et-Levassor – 75647 Paris Cedex 13

Conception graphique et mise en page : Flammarion et Raphaël Hadid

Imprimé en Slovénie par Gorenjski tisk storitve d.o.o. en mars 2013
L.01EJDN000918.N001 / Dépôt légal : mai 2013
Loi n° 49-956 du 16 juillet 1949 sur les publications destinées à la jeunesse.

40 ACTIVITÉS FACILES & ORIGINALES

RECETTES

POUR LES GOURMANDS DE 3 À 6 ANS

Père Castor ■ Flammarion

SOMMAIRE

QUELQUES CONSEILS AVANT DE COMMENCER

Cuisiner en famille favorise le sens de l'organisation et du partage, invite à découvrir aliments et saveurs, et encourage l'éveil moteur et sensoriel des plus jeunes. Très appréciée des petits, cette activité leur permet d'exprimer leur créativité et de connaître les joies du travail en équipe.

Les recettes contenues dans cet ouvrage ont été rigoureusement sélectionnées pour les enfants de 3 à 6 ans : d'abord toutes simples, puis un peu plus élaborées, elles vont leur permettre de réaliser leurs plats préférés et de goûter leurs premiers succès culinaires, tout en travaillant **sous la surveillance et avec la participation d'un adulte.**

Pour bien profiter de ces moments ludiques passés en famille, voici quelques recommandations.

L'organisation du travail

- Avant de commencer, nettoyez le plan de travail (ou la table) et assurez-vous qu'il soit bien dégagé ;
- protégez vos vêtements d'un tablier et lavez-vous les mains ; veillez d'ailleurs à les garder propres tout au long de l'activité ;
- préparez tout le matériel et les ingrédients nécessaires à la recette choisie ;
- gardez à portée de main torchons et papier essuie-tout ;
- travaillez, autant que faire se peut, avec un couteau à bout rond ; les couteaux pointus et appareils ménagers (four, plaque chauffante, mixeur…) devront être utilisés par un adulte seulement.

Les secrets de chefs

★ **Les mesures et leurs équivalences**

Une cuillère à café contient environ 0,5 cl de liquide, 3 g de sucre glace, 5 g de sucre en poudre, 4 g de farine ou de fécule, 7 g de beurre ; une cuillère à soupe en contient 3 fois plus – soit 1,5 cl de liquide, 9 g de sucre glace, 15 g de sucre en poudre, 12 g de farine ou de fécule, 21 g de beurre.
Si votre four n'indique que les thermostats, multipliez chaque indication par 30 et vous obtiendrez la température correspondante. Exemple : thermostat 6 = 180 °C, thermostat 7 = 210 °C, thermostat 8 = 240 °C etc.

★ **Les petits conseils font les grands plats !**

Sortez le beurre du réfrigérateur 1 heure avant de vous en servir pour le faire ramollir ; utilisez une planche à découper pour couper fruits et légumes ; préchauffez toujours le four 10 à 15 min avant de mettre à cuire et surveillez la cuisson !
Vous trouverez à la fin des recettes des astuces pour vous aider à décorer vos plats ou à en réaliser des variantes surprenantes.

Les pictogrammes

Afin de faciliter le choix de la recette, nous avons, pour chacune d'elles, estimé le temps de réalisation, le coût du matériel et le niveau de difficulté.
Ces indications sont signalées par les pictogrammes suivants :

Temps de réalisation 

Coût  très peu cher  moyennement cher  plus cher

Niveau de difficulté  facile  moins facile  difficile

AU MENU
ENTRÉES

Le petit train de crudités
Brochettes apéritives
Tzatziki grec
Roulés de jambon au fromage frais
Œufs mimosa
Feuilletés au fromage
Salade brésilienne
Sandwichs rigolos
Salade scandinave
Tomates farcies au thon
Taboulé
Œufs cocotte au bacon
Feuilletés à la saucisse

LE PETIT TRAIN DE CRUDITÉS

pour 4 personnes

- *1 concombre*
- *radis*
- *tomates cerises*
- *gruyère*
- *olives noires dénoyautées*

⇧ INGRÉDIENTS

ÉTAPES ⇩

1 Épluche et découpe le concombre en petits tronçons.

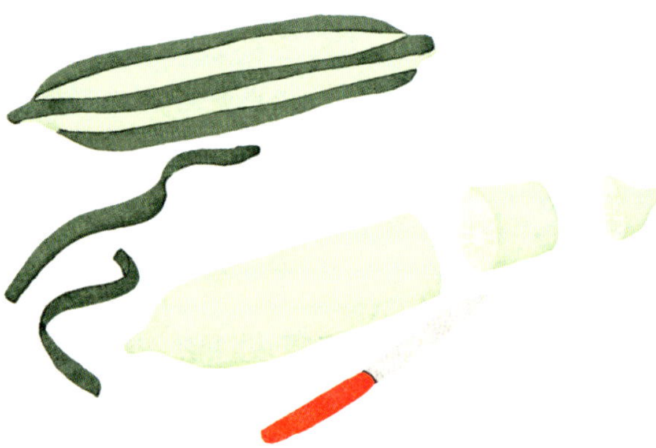

2 Pour relier entre eux les « wagons » de concombre, utilise des piques à brochette en bois.

3 Décore le train avec les radis ou les tomates cerises pour faire les roues.

4 Pique sur le concombre des minibrochettes (réalisées avec des cure-dents) de petits cubes de gruyère et d'olives noires.

les ustensiles

- piques à brochette en bois, cure-dents, couteau, planche à découper, épluche-légume

Astuce

Prépare ce petit train pour l'apéritif.

BROCHETTES APÉRITIVES

pour 4 personnes

- ★ crevettes
- ★ jambon
- ★ tomates cerises
- ★ saucisson (ou saucisses de Strasbourg)
- ★ melon
- ★ olives dénoyautées
- ★ 250 ml de crème fraîche
- ★ le jus d'1 citron
- ★ 1 cuillère à soupe d'huile d'olive

INGRÉDIENTS

ÉTAPES

1 Sur les piques à brochette en bois enfile la garniture découpée en petits morceaux, en variant les couleurs.

2 Dans un bol, mélange la crème avec le citron et l'huile. Sale et poivre puis goûte la sauce. Réassaisonne si nécessaire.

3 Ajoute l'ail et la ciboulette.

4 Trempe les brochettes dans la sauce avant de les déguster.

les ustensiles

- piques à brochette en bois, couteau, planche à découper, bol, cuillère à soupe, balance, presse-agrume, ciseaux

- 2 gousses d'ail hachées
- 100 g de ciboulette ciselée
- sel, poivre

Astuce

Tu peux piquer tes brochettes sur un support (un pain rond par exemple) pour faire un hérisson avec ses piques garnies !

TZATZIKI GREC

INGRÉDIENTS

Pour 6 personnes

- *1 concombre*
- *3 yaourts nature bien fermes*
- *1 cuillère à soupe d'huile d'olive*
- *le jus d'½ citron pressé*
- *1 cuillère à soupe d'aneth*
- *1 pincée de gros sel*
- *½ gousse d'ail émincée*
- *sel, poivre*

ÉTAPES

1 Épluche le concombre. À l'aide d'un couteau, coupe-le en tout petits morceaux. Mets-le dans une passoire, en l'arrosant d'une bonne pincée de gros sel et laisse-le dégorger pendant environ 20 min.

2 Presse le concombre avec du papier absorbant pour en enlever toute l'eau et verse-le dans un plat creux.

3 Ajoute tous les ingrédients et mélange bien. Sale et poivre.

4 Place le tzatziki au réfrigérateur et attends au moins 1 h avant de servir.

les ustensiles
* épluche-légume, couteau, passoire, planche à découper, ciseaux, papier absorbant, plat creux, presse-agrume, cuillère à soupe

réfrigération : 1 h 00

Astuce
Tu peux servir le tzatziki à l'apéritif et y tremper des légumes croquants, ou le servir en hors-d'œuvre avec des blinis.

ROULÉS DE JAMBON AU FROMAGE FRAIS

pour 4 personnes
- ★ 4 tranches de jambon blanc
- ★ 1 pot de fromage frais à tartiner (250 g)
- ★ quelques brins de ciboulette ciselés

⇧ INGRÉDIENTS

ÉTAPES ⇩

1 Étale les tranches de jambon sur le plan de travail. Tartine-les uniformément de fromage frais et saupoudre-les de ciboulette.

2 Roule les tranches de jambon sur elles-mêmes.

3 Découpe-les en rondelles d'environ 1 cm d'épaisseur.

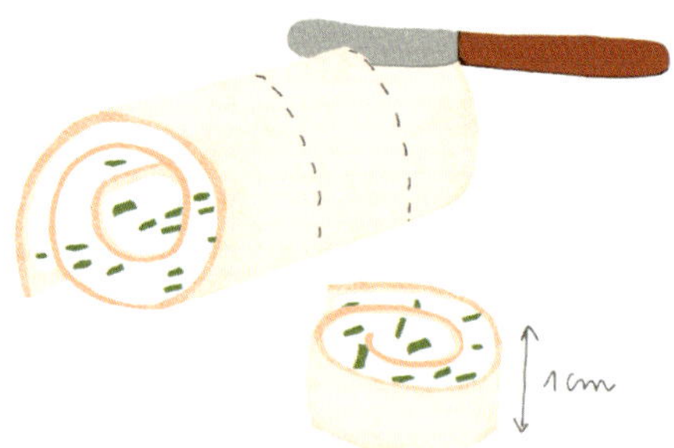

4 Présente le tout sur une assiette, placée au réfrigérateur jusqu'au moment de servir.

les ustensiles
* couteau, planche à découper, assiette, ciseaux

Astuces
Tu peux alterner jambon blanc et jambon de Bayonne. Tu peux aussi enfiler les roulés sur des cure-dents.

ŒUFS MIMOSA

pour 4 personnes

- ★ 8 œufs frais
- ★ 1 jaune d'œuf
- ★ huile d'arachide
- ★ 1 cuillère à café de vinaigre
- ★ sel, poivre

⇧ INGRÉDIENTS

ÉTAPES ⇩

1 Fais cuire les œufs dans de l'eau bouillante durant 9 à 11 min.

2 Pendant ce temps, prépare une mayonnaise en mélangeant dans un bol 1 jaune d'œuf et 1 cuillère à café de vinaigre. Laisse reposer 1 min avant d'ajouter sel et poivre. Verse sur la préparation un filet d'huile d'arachide tout en remuant énergiquement avec un fouet électrique. La mayonnaise doit être bien ferme.

3 Après la cuisson, passe les œufs sous l'eau froide. Lorsqu'ils sont refroidis, écale-les.

4 Récupère 4 jaunes d'œufs et effrite-les bien de façon à obtenir de petits grains imitant le mimosa. Mélange-les bien à la mayonnaise.

les ustensiles

★ casserole, cuillère à café, bol, fouet électrique, couteau, planche à découper, assiette

5 Coupe les 4 œufs restants en 2 et dispose-les sur une assiette autour du mélange « mimosa ». Garde le tout au réfrigérateur avant de servir.

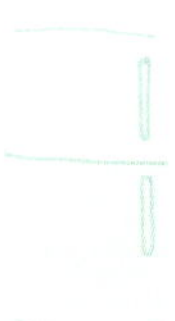

FEUILLETÉS AU FROMAGE

pour 6 personnes

- 1 rouleau de pâte feuilletée
- 1 œuf
- 2 cuillères à soupe d'eau
- farine
- 125 g de fromage râpé

INGRÉDIENTS

ÉTAPES

1 Sur le plan de travail fariné, étale la pâte feuilletée. À l'aide d'un couteau, découpe des rectangles d'environ 1 cm sur 5 cm.

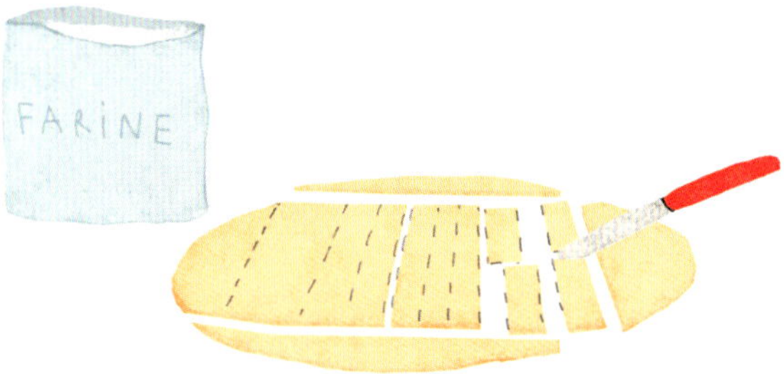

2 Dépose-les sur une plaque allant au four, recouverte de papier sulfurisé.

3 Casse l'œuf dans un bol et ajoute 2 cuillères à soupe d'eau. Avec un pinceau, enduis les rectangles de ce mélange pour qu'ils dorent.

4 Recouvre les feuilletés de fromage râpé et fais-les cuire à four très chaud (220° C) environ 15 min.

les ustensiles

★ papier sulfurisé, couteau, plaque, bol, cuillère à soupe, pinceau, balance

SALADE BRÉSILIENNE

pour 6 personnes

- ★ 1 cœur de salade verte
- ★ 1 boîte de 340 g d'ananas
- ★ 1 boîte de 300 g de maïs
- ★ 1 boîte de 400 g de cœurs de palmier
- ★ 2 avocats
- ★ le jus d'1 citron vert
- ★ 1 cuillère à café de coriandre ciselée
- ★ 1 cuillère à soupe de miel liquide
- ★ 2 cuillères à soupe d'huile d'olive
- ★ sel

INGRÉDIENTS

ÉTAPES

1 Lave la salade et essore-la. Mets-la dans un saladier.

2 Égoutte le maïs, l'ananas et les cœurs de palmiers, puis coupe ananas et cœurs de palmier en morceaux avant de les verser, avec le maïs, dans le saladier.

3 Coupe les avocats en 2, ôte les noyaux, épluche les moitiés, puis coupe-les en morceaux et ajoute-les à la salade.

4 Dans un bol, mélange le jus du citron vert avec la coriandre, le miel, l'huile d'olive et un peu de sel.

les ustensiles

* presse-agrume, couteau, ciseaux, planche à découper, cuillère à café, essoreuse à salade, saladier, bol, cuillère à soupe, passoire

5 Verse la sauce sur la salade et remue bien avant de servir.

SANDWICHS RIGOLOS

pour 4 personnes

- 8 tranches de pain de mie
- beurre
- 4 tranches de jambon blanc
- ketchup
- radis
- oeufs durs
- concombre
- tomates cerises
- cornichons

INGRÉDIENTS

ÉTAPES

1 Sur 1 tranche de pain de mie beurrée, pose 1 tranche de jambon. Recouvre d'une seconde tranche de pain beurrée.

2 Avec la garniture, forme la bouche (avec du ketchup et des radis).

3 Forme les yeux avec des rondelles de cornichons ou de concombre.

4 Forme le nez avec des tomates cerises, une rondelle d'œuf dur ou de radis.

les ustensiles
★ couteau, planche à découper

Astuce

Avant de décorer les sandwichs, sers-toi d'emporte-pièce pour les découper en étoile, en triangle...

SALADE SCANDINAVE

pour 6 personnes

- ★ 1 kg de pommes de terre à chair ferme
- ★ 4 tranches de saumon fumé
- ★ 2 oignons rouges
- ★ 1 cuillère à soupe de vinaigre
- ★ 1 cuillère à café de vinaigre
- ★ 2 cuillères à soupe de câpres
- ★ 2 cuillères à soupe d'aneth ciselé
- ★ 1 jaune d'œuf
- ★ huile d'arachide
- ★ 1 cuillère à café de moutarde
- ★ sel, poivre

⇧ INGRÉDIENTS

ÉTAPES ⇩

1 Rince les pommes de terre et fais-les cuire 15 min dans une casserole en les recouvrant d'eau. Quand tu peux planter facilement un couteau dedans, c'est qu'elles sont cuites. Égoutte-les puis laisse-les refroidir.

2 Pendant ce temps, coupe le saumon en lanières et les oignons rouges épluchés en rondelles, et mets-les dans un saladier.

3 Pèle les pommes de terre, coupe-les en rondelles, ajoute-les à la salade et arrose le tout de vinaigre.

4 Verse les câpres, l'aneth et la mayonnaise (pour la recette, voir page 18).

les ustensiles

★ casserole, couteau, planche à découper, passoire, saladier, cuillère à soupe, cuillère à café, balance, ciseaux

réfrigération : 1 h 00

5 Mélange bien la salade et garde-la au réfrigérateur au moins 1 h avant de servir.

TOMATES FARCIES AU THON

pour 4 personnes

- 4 belles tomates
- 1 boîte de 400 g de thon au naturel
- 3 cuillères à soupe d'huile
- 1 cuillère à soupe de vinaigre
- moutarde
- persil frisé
- olives noires
- sel, poivre

INGRÉDIENTS

ÉTAPES

1 Lave bien les tomates et coupe le haut.

2 Vide l'intérieur de chaque tomate avec une cuillère à café.

3 Égoutte le thon et émiette-le.

4 Dans un bol, prépare la vinaigrette en mélangeant bien l'huile et le vinaigre. Sale, poivre et ajoute un peu de moutarde. Remue de nouveau.

les ustensiles

★ couteau, planche à découper, passoire, cuillère à café, cuillère à soupe, bol

5 Garnis les tomates avec le thon, puis verse de la vinaigrette dessus. Décore avec du persil frisé et des olives.

TABOULÉ

pour 4 personnes

- 100 g de semoule de couscous moyen
- 10 cl d'eau
- 4 tomates
- ½ concombre
- quelques branches de persil
- quelques feuilles de menthe
- 3 cuillères à soupe d'huile d'olive
- 3 cuillères à soupe de jus de citron
- sel, poivre

⇧ INGRÉDIENTS

ÉTAPES ⇩

1 Fais chauffer l'eau. Verse-la sur la semoule et laisse gonfler 10 min.

2 Lave et coupe les légumes en tout petits morceaux, puis cisèle les herbes. Mélange le tout à la semoule.

3 Ajoute l'huile, le jus de citron, le sel et le poivre.

4 Garde le taboulé au réfrigérateur au moins 1 h avant de servir.

les ustensiles

★ balance, verre doseur, cuillère à soupe, casserole, couteau, planche à découper, ciseaux, épluche-légume

réfrigération : 1 h 00

Astuce

Tu peux ajouter des raisins secs à ton taboulé.

ŒUFS COCOTTE AU BACON

pour 4 personnes

★ 4 œufs frais
★ 4 tranches de bacon
★ 3 cuillères à soupe de persil haché
★ sel, poivre

INGRÉDIENTS

ÉTAPES

1 Dans chaque ramequin, place 1 tranche de bacon et casse 1 œuf par-dessus.

2 Ajoute du sel, du poivre et le persil haché.

3 Fais cuire au bain-marie (10 min) ou au four à 240 °C (7 à 10 min).

Astuce

Tu peux remplacer le bacon par du saumon fumé.

les ustensiles

* 4 ramequins, cuillère à soupe, ciseaux, casserole

FEUILLETÉS À LA SAUCISSE

Pour 6 personnes

⋆ 1 rouleau de pâte feuilletée
⋆ 6 saucisses de Strasbourg
⋆ 1 œuf
⋆ 2 cuillères à soupe d'eau
⋆ ketchup
⋆ farine

INGRÉDIENTS

ÉTAPES

1 Étale la pâte feuilletée sur le plan de travail fariné. Découpe des petites lanières de 10 cm de largeur sur la longueur de la pâte.

2 Dépose 1 saucisse en bordure de lanière puis enroule-la dans la pâte.

3 Casse l'œuf dans un bol et ajoute 2 cuillères à soupe d'eau. À l'aide d'un pinceau, enduis les feuilletés de ce mélange pour qu'ils dorent.

4 Dépose les feuilletés sur une plaque allant au four, recouverte de papier sulfurisé. Fais-les cuire à four chaud (180° C) environ 20 min, puis laisse-les refroidir.

les ustensiles

* pinceau, cuillère à soupe, couteau, planche à découper, bol, plaque, papier sulfurisé

5 Découpe les feuilletés en petites portions individuelles. Sers avec du ketchup.

AU MENU
PLATS

Pans-bagnats
Gratin de pâtes au jambon
Purée maison
Minipizzas
Satay de poulet
Spaghettis à la bolognaise
Soupe de légumes
Fajitas mixtes (bœuf-poulet)

PANS-BAGNATS

pour 4 personnes

- *4 petits pains ronds*
- *huile d'olive*
- *1 petite laitue*
- *4 œufs durs*
- *4 tomates*
- *1 boîte de miettes de thon nature (100 g)*
- *sel, poivre*

⇧ INGRÉDIENTS

ÉTAPES ⇩

1 Découpe les pains en 2.

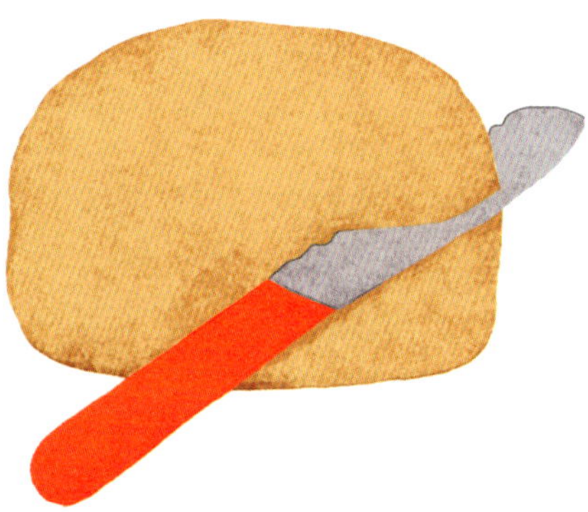

2 Verse un peu d'huile d'olive sur chaque moitié avant de poser quelques feuilles de laitue par-dessus.

3 Coupe les œufs durs et les tomates en rondelles et dépose-les sur le pain.

4 Ajoute le thon en miettes, puis referme tes sandwichs.

les ustensiles

★ couteau, planche à découper

GRATIN DE PÂTES AU JAMBON

pour 4 personnes

- 300 g de coquillettes
- 4 tranches de jambon blanc
- 1 œuf entier
- 20 cl de crème fraîche épaisse
- 100 g de gruyère râpé
- 20 g de beurre
- sel, poivre

⇧ INGRÉDIENTS

ÉTAPES ⇩

1 Fais cuire les coquillettes pendant 7 min dans un grand volume d'eau bouillante salée, puis égoutte-les avant de les mettre dans un saladier.

2 Coupe le jambon en petits cubes et mélange-le aux pâtes.

3 Casse l'œuf dans un bol. Ajoute la crème fraîche, le sel et le poivre, avant de verser le tout dans le saladier.

4 Verse la préparation dans un plat beurré allant au four. Recouvre le mélange de gruyère râpé. Mets à cuire à four chaud (180° C) environ 10 min.

les ustensiles

★ balance, verre doseur, casserole, passoire, bol, saladier, cuillère à soupe, plat à gratin

Astuce

Pour obtenir un joli gratin bien doré en surface, mets le four en position gril durant les 5 dernières minutes de cuisson.

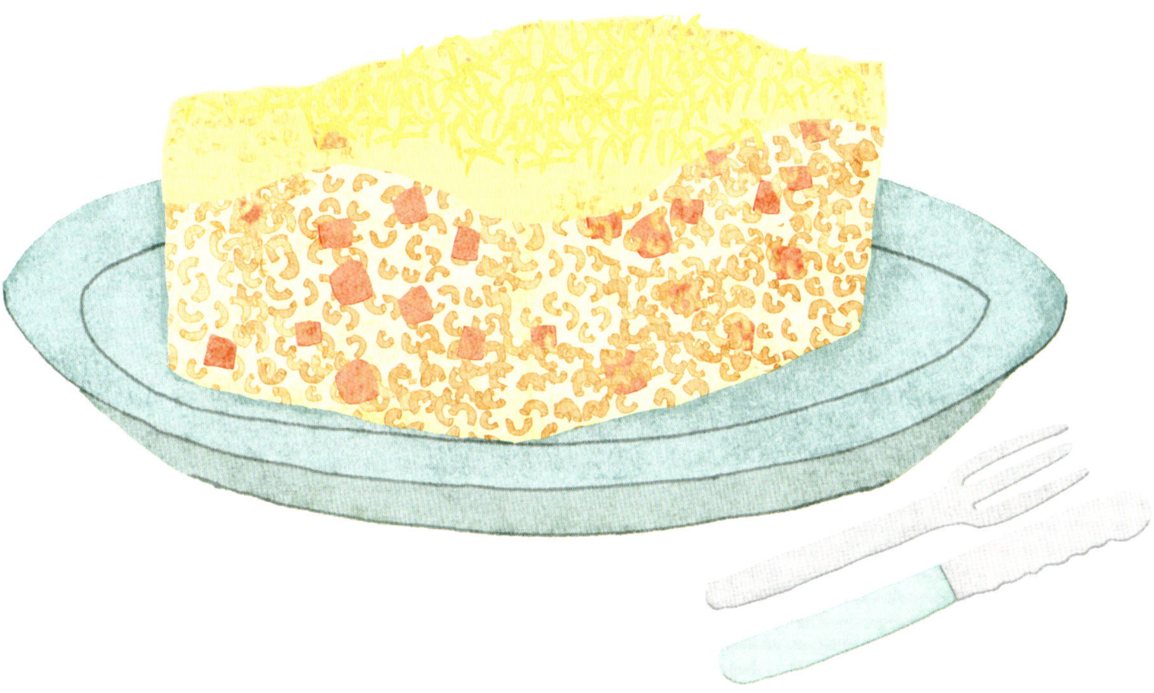

PURÉE MAISON

pour 4 personnes

- ★ 400 g de pommes de terre
- ★ 50 g de beurre
- ★ 20 cl de lait
- ★ sel, poivre blanc

INGRÉDIENTS

ÉTAPES

1 Pèle les pommes de terre, puis fais-les cuire 20 min dans une casserole en les recouvrant d'eau salée. Quand tu peux planter facilement un couteau dedans, c'est qu'elles sont cuites.

2 Égoutte-les, puis écrase-les avec une fourchette dans un saladier.

3 Ajoute le beurre, le sel et le poivre.

4 Mélange bien et ajoute au fur et à mesure le lait chaud jusqu'à obtenir une purée bien lisse et onctueuse. Sers tout de suite.

les ustensiles

* balance, verre doseur, casserole, passoire, fourchette, saladier, couteau, épluche-légume

↘ Conseil
Ne passe jamais les pommes de terre au mixeur car tu risquerais de rendre la purée collante !

MINIPIZZAS

pour 4 personnes

- 1 rouleau de pâte à pizza
- 4 belles tomates
- 125 g de gruyère râpé (ou de mozzarella)
- jambon blanc
- farine
- 50 cl de coulis de tomate en brique

INGRÉDIENTS

ÉTAPES

1 Étale bien la pâte sur le plan de travail fariné. Découpe 4 cercles (avec un bol par exemple) et nappe-les de sauce tomate.

2 Recouvre de jambon chaque cercle de pâte.

3 Pose ensuite de fines rondelles de tomates et recouvre le tout de gruyère râpé.

4 Fais cuire les minipizzas à four chaud (180° C) pendant 20 min environ.

les ustensiles
* balance, bol, couteau, planche à découper

Astuce
Varie les plaisirs en choisissant d'autres ingrédients (moules, crevettes, saumon, champignons de Paris...).

SATAY DE POULET

pour 15 brochettes

- 500 g d'escalopes de poulet
- 1 cuillère à café de gingembre râpé
- 2 cuillères à soupe de jus de citron
- 3 cuillères à soupe de sauce soja
- 2 cuillères à soupe de miel
- ½ verre d'eau
- sel, poivre

INGRÉDIENTS

ÉTAPES

1 Coupe le poulet en dés et enfile-les sur 15 piques à brochette en bois.

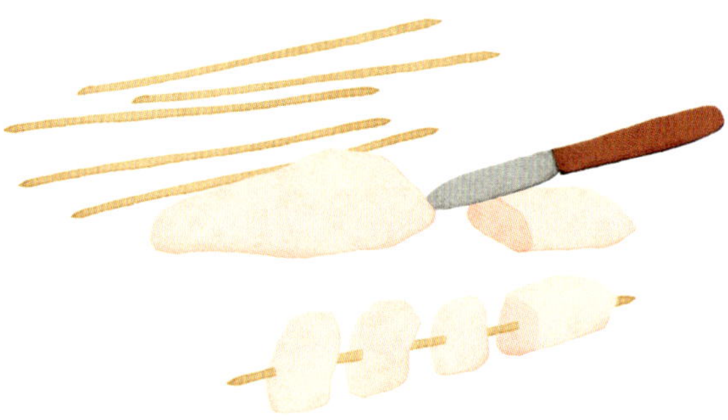

2 Mets tous les autres ingrédients dans une grande poêle et porte à ébullition en remuant sans cesse. Sale et poivre.

3 Baisse le feu et dépose les brochettes dans ce mélange. Laisse cuire 10 min en retournant régulièrement les brochettes.

4 Quand elles sont cuites, laisse-les refroidir avant de les mettre au réfrigérateur dans le reste de sauce. Sers bien frais.

les ustensiles

★ 15 petites piques à brochette en bois, cuillère à café, râpe à légume, cuillère à soupe, verre, couteau, planche à découper, poêle

réfrigération : 2h00

SPAGHETTIS À LA BOLOGNAISE

pour 4 personnes

- 200 g de spaghettis
- 250 g de bœuf haché
- 50 g d'oignons ciselés
- 1 gousse d'ail émincée
- 5 tomates coupées en petits morceaux
- 30 g d'échalotes hachées
- 100 g de gruyère râpé
- gros sel
- huile d'olive
- sel, poivre

INGRÉDIENTS

ÉTAPES

1 Fais cuire les spaghettis dans un grand volume d'eau bouillante salée pendant 11 min environ.

2 Prépare la sauce bolognaise en faisant cuire dans une poêle à feu doux le bœuf, les oignons, l'ail, les tomates et les échalotes. Sale et poivre.

3 Place les spaghettis dans un plat, la sauce bolognaise au centre.

4 Avant de servir, ajoute le gruyère râpé.

les ustensiles

* balance, couteau, planche à découper, casserole, poêle, plat

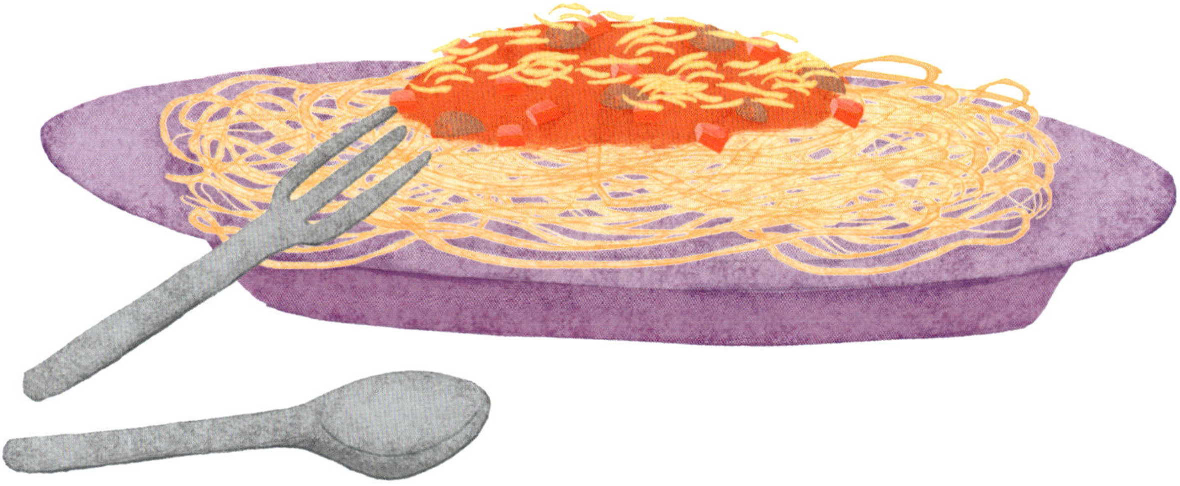

SOUPE DE LÉGUMES

pour 4 personnes
- ⋆ 600 g de pommes de terre
- ⋆ 150 g de poireaux
- ⋆ 150 g de céleri-rave
- ⋆ 100 g de navets
- ⋆ gros sel
- ⋆ 200 g de carottes
- ⋆ 2 gousses d'ail hachées
- ⋆ 1 oignon émincé
- ⋆ 1 petit pot de crème fraîche (25 cl)
- ⋆ sel, poivre

⇧ INGRÉDIENTS

ÉTAPES ⇩

1 Épluche et émince tous les légumes.

2 Fais-les cuire dans 2,5 litres d'eau froide salée, à feu doux pendant 45 min.

3 Ajoute l'ail et l'oignon.

4 Quand les légumes sont cuits, passe le tout au mixeur. Sale et poivre. Au moment de servir, ajoute la crème selon ton goût.

les ustensiles

★ épluche-légume, couteau, casserole, planche à découper, mixeur, cuillère à soupe, balance, louche

Astuce

Tu peux ajouter des croûtons aillés et du fromage râpé dans ton assiette.

FAJITAS MIXTES (BŒUF-POULET)

pour 4 personnes

- 6 galettes à fajitas
- 200 g de mimolette
- 500 g de steak haché de bœuf et 400 g d'escalopes de poulet émincées
- 3 tomates
- 2 avocats bien mûrs
- 1 petit pot de crème fraîche (25 cl)
- le jus d'1 citron
- un peu de sauce tomate
- beurre ou huile
- sel, poivre

⇧ INGRÉDIENTS

ÉTAPES ⇩

1 Lave bien les tomates. Découpe-les en dés et garde-les au réfrigérateur.

2 Prépare le guacamole en mélangeant dans un bol les avocats écrasés avec le jus de citron et la crème fraîche. Garde-le au réfrigérateur pour que le mélange ne noircisse pas !

3 Râpe la mimolette. Garde-la au réfrigérateur.

4 Mets un peu de beurre ou d'huile dans une poêle et fais cuire la viande. Ajoute un peu de sauce tomate. Sale et poivre.

les ustensiles

★ balance, couteau, planche à découper, presse-agrume, râpe à fromage, cuillère à soupe, bol, poêle

5 Fais doucement réchauffer les galettes au four traditionnel ou au micro-ondes. Au moment de servir, dépose tous les ingrédients sur la table afin que chacun prépare sa fajita selon son goût !

AU MENU DESSERTS

Brochettes de fruits frais
Fruits déguisés
Tête de clown glacée
Mousse à la fraise
Tartelettes aux fruits
Sorbet au chocolat noir
Bananes « Touchoko »
Truffes au chocolat
Pâte à tartiner
Petits sablés au chocolat
Pains au chocolat
Madeleines
Gâteau au yaourt
Miniprofiteroles glacées
Compote de fruits
Riz au lait chocolaté

BROCHETTES DE FRUITS FRAIS

pour 4 personnes
- ★ fruits de saison (bananes, oranges, pommes, ananas, pêche…)
- ★ 2 sachets de sucre vanillé

⇧ INGRÉDIENTS

ÉTAPES ⇩

1 Lave et pèle les fruits.

2 Découpe-les en morceaux, puis enfile-les sur les piques à brochette en bois.

3 Parfume tes brochettes en les saupoudrant de sucre vanillé. Garde-les au réfrigérateur jusqu'au moment de servir.

↘ Astuce

Sélectionne les fruits en fonction de leur couleur pour obtenir des brochettes toutes rouges (fraises et framboises), blanches (pêches blanches, poires et pommes), jaunes (pêches jaunes, ananas et mangue) ou orange (abricots, melon et orange)…

les ustensilles

* piques à brochette en bois, balance, assiette, couteau, planche à découper, épluche-légume

FRUITS DÉGUISÉS

pour 6 personnes
- ★ 100 g d'abricots secs
- ★ 100 g de pruneaux
- ★ 50 g de pâte d'amandes verte
- ★ quelques noisettes, noix entières, noix de pécan, amandes…
- ★ 50 g de pâte d'amandes rose
- ★ 100 g de dattes

⇧ INGRÉDIENTS

ÉTAPES ⇩

1 Dénoyaute délicatement les fruits secs.

2 Découpe des petits morceaux de pâte d'amandes de la longueur des fruits. Garnis bien les fruits secs de pâte d'amandes, en alternant les couleurs.

3 Présente ensuite tous les fruits sur une belle assiette.

4 Décore l'assiette avec des noix, des noisettes ou des noix de pécan.

les ustensiles
- balance, assiette, couteau, planche à découper

TÊTE DE CLOWN GLACÉE

Pour 1 tête de clown

- ★ *1 boule de glace vanille*
- ★ *1 tranche d'ananas en boîte*
- ★ *bonbons colorés*
- ★ *pépites de chocolat*
- ★ *1 bombe de chantilly*
- ★ *1 cornet à glace*

INGRÉDIENTS

ÉTAPES

1 Place 1 tranche d'ananas sur une assiette. Dépose 1 boule de glace par-dessus.

2 Pose 1 cornet de glace par-dessus pour faire un chapeau.

3 Décore la tête de clown avec les pépites de chocolat, avec de la chantilly pour lui faire des cheveux, et des bonbons colorés pour faire les yeux et le nez.

Astuce

Remplace la boule de glace à la vanille par un autre parfum (fraise, citron, chocolat, caramel...) selon tes envies.

les ustensiles
★ cuillère à glace, assiette

MOUSSE À LA FRAISE

pour 4 personnes

- ★ 1 barquette de fraises
- ★ 1 pot de crème fraîche épaisse (20 cl)
- ★ 20 g de sucre glace

INGRÉDIENTS

ÉTAPES

1 Lave et équeute les fraises. Découpe-les en petits morceaux et écrase-les bien dans un grand bol. Garde la purée de fraises au réfrigérateur.

2 Dans un saladier, verse la crème liquide et le sucre glace. Fouette le tout en faisant bien mousser.

3 Mélange la purée de fraises à la crème.

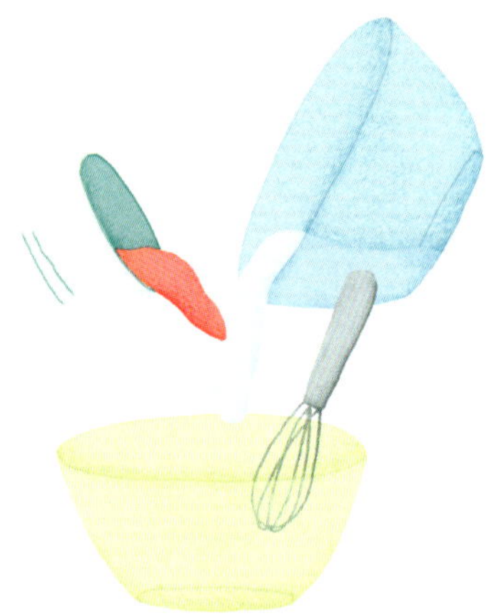

4 Verse dans des petites coupes à dessert. Garde-les au réfrigérateur au moins 1 h 30 avant de servir.

les ustensiles
★ verre doseur, fourchette, grand bol, saladier, fouet, coupes à dessert, maryse

réfrigération : 1 h 30

Conseil

Pour que la crème « monte » facilement, garde-la au réfrigérateur avant de t'en servir.

TARTELETTES AUX FRUITS

pour 8 tartelettes

- 1 rouleau de pâte brisée
- fruits de saison (pommes, fraises, framboises, abricots...)
- sucre semoule (ou cassonade)
- beurre
- farine

↑ INGRÉDIENTS

ÉTAPES ↓

1 Étale la pâte sur le plan de travail fariné, puis dépose-la dans les moules à tartelette beurrés. Pour améliorer la présentation des tartelettes, passe le rouleau à pâtisserie sur les bords des moules afin de retirer le surplus de pâte.

2 Dépose ensuite les fruits lavés et découpés (pour les plus gros fruits).

3 Saupoudre-les de sucre semoule ou de cassonade avant de faire cuire les tartelettes à four chaud (180 °C) 30 min environ.

les ustensiles

★ moules à tartelettes, couteau, planche à découper, rouleau à pâtisserie

Astuces

Pour que la pâte ne soit pas molle sous les fruits, tu peux la précuire au four 10 min environ (180° C) pour la faire blanchir, en la recouvrant de légumes secs (haricots blancs...). Tu peux aussi mettre de la compote sous les fruits.

SORBET AU CHOCOLAT NOIR

pour 4 personnes

- ★ 300 g de chocolat noir
- ★ 250 g de sucre en poudre
- ★ 50 g de cacao amer en poudre
- ★ 1 gousse de vanille
- ★ 1 litre d'eau

⇧ INGRÉDIENTS

ÉTAPES ⇩

1 Dans une casserole, verse l'eau, le sucre en poudre, la poudre de cacao amer et la vanille coupée en 2 dans le sens de la longueur. Porte à ébullition pendant 5 min.

2 Ajoute ensuite le chocolat noir cassé en petits morceaux et remue jusqu'à ce qu'il soit entièrement fondu.

3 Laisse refroidir hors du feu. Retire la gousse de vanille.

4 Verse le mélange obtenu dans un bac en plastique résistant au froid et laisse prendre ton sorbet au congélateur pendant au moins une nuit.

les ustensiles
* verre doseur, casserole, couteau, planche à découper, cuillère en bois, bac en plastique, maryse

réfrigération : 12 h 00 au congélateur

Astuce

Lorsqu'elle est suffisamment refroidie, ajoute à ta préparation des petits morceaux de cookies avant de la stocker au congélateur.

BANANES « TOUCHOKO »

pour 6 personnes

- 6 bananes
- le jus d'1 citron
- 1 sachet de sucre vanillé
- 125 g de chocolat noir
- 25 g de beurre
- pépites ou copeaux de chocolat
- vermicelles sucrés colorés

INGRÉDIENTS

ÉTAPES

1 Pèle les bananes et coupe-les en 2. Arrose-les du jus de citron et du sucre vanillé et garde le tout au réfrigérateur.

2 Dans une petite casserole, fais doucement fondre le chocolat et le beurre. Mélange bien.

3 Dépose les bananes dans des petites assiettes et nappe-les de chocolat.

4 Décore les bananes « Touchoko » de copeaux ou de pépites de chocolat et de vermicelles sucrés.

les ustensiles

* presse-agrume, balance, couteau, planche à découper

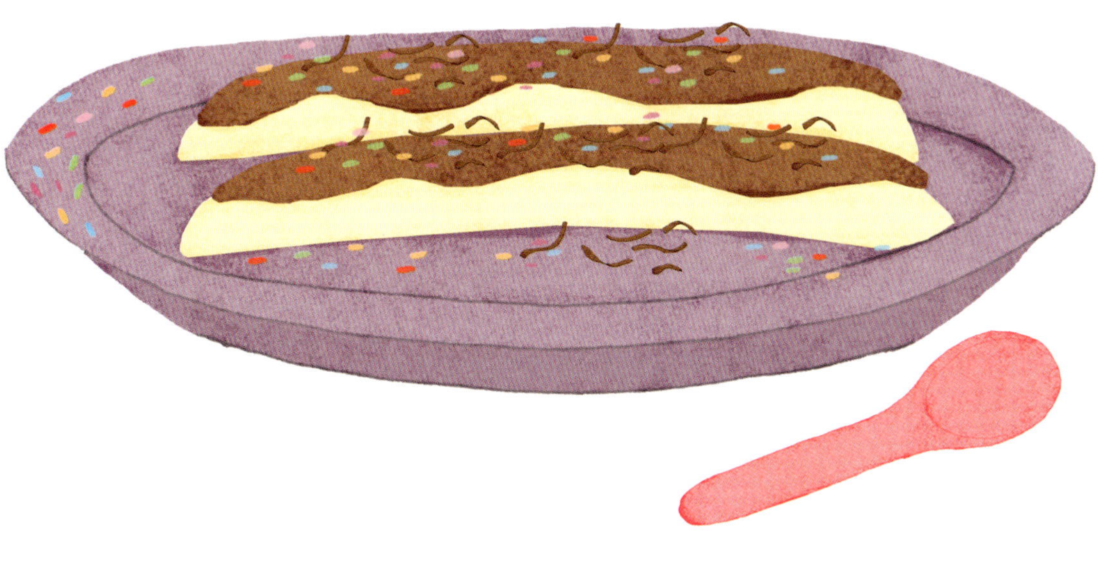

TRUFFES AU CHOCOLAT

pour 6 personnes

- ★ *250 g de chocolat noir*
- ★ *60 g de beurre*
- ★ *200 g de sucre glace*
- ★ *1 œuf*
- ★ *10 cl de crème fraîche épaisse*
- ★ *50 g de cacao en poudre*

INGRÉDIENTS

ÉTAPES

1 Fais fondre le chocolat et le beurre au bain-marie. Verse le sucre glace tout en remuant bien.

2 Retire le récipient de l'eau bouillante et ajoute l'œuf entier. Remue bien en incorporant la crème fraîche.

3 Garde la pâte obtenue au réfrigérateur pendant au moins 1 h.

4 Façonne avec tes mains des petites boules de pâte (l'équivalent d'une cuillère à café) et roule-les dans le cacao en poudre. Replace-les ensuite au réfrigérateur.

les ustensiles
* balance, couteau, verre doseur, casserole, cuillère à soupe, bol, cuillère en bois, cuillère à café

réfrigération : au moins 1 h 00

Astuces

Tu peux enrober tes truffes de copeaux de chocolat. Pour les présenter, dépose chaque truffe dans une cassolette de papier coloré.

PÂTE À TARTINER

pour 1 bocal de 300 g

- 100 g de miel liquide
- 50 ml d'huile de tournesol
- 200 ml de crème fraîche
- 1 grand verre de lait (25 cl)
- 200 g de noisettes moulues
- 50 g de cacao en poudre

INGRÉDIENTS

ÉTAPES

1 Dans un saladier, mélange le miel, l'huile et la crème fraîche à l'aide d'un fouet.

2 Ajoute ensuite le lait, les noisettes et le cacao. Remue bien pour obtenir une pâte homogène.

3 Verse la pâte obtenue dans un ou plusieurs bocaux avec couvercle et garde le tout au réfrigérateur pendant 15 jours.

Astuce
Pour que ta pâte à tartiner s'étale bien, sors-la du réfrigérateur au moins 1 h avant dégustation.

les ustensiles

- ★ un ou plusieurs bocaux avec couvercle, saladier, balance, verre doseur, fouet, maryse

PETITS SABLÉS AU CHOCOLAT

pour 6 personnes

- *250 g de farine*
- *30 g de cacao en poudre*
- *100 g de sucre en poudre*
- *150 g de beurre*
- *1 bol de sucre cristallisé*
- *1 œuf*

⇧ INGRÉDIENTS

ÉTAPES ⇩

1 Dans un saladier, mélange la farine et le cacao.

2 Dans un autre saladier, verse le sucre en poudre et le beurre ramolli. Travaille ce mélange pendant 3 min. Ajoute la farine et le cacao, puis l'œuf. Remue bien le tout.

3 Forme une boule de pâte et laisse-la reposer au réfrigérateur pendant 2 h.

4 Façonne avec tes mains des petites boules de pâte (l'équivalent d'une cuillère à soupe) et roule-les dans le bol de sucre cristallisé avant de les faire cuire à four chaud (180 °C) sur une plaque beurrée pendant 10 à 12 min environ.

les ustensiles
★ balance, verre doseur, 2 saladiers, bol, fourchette, cuillère à soupe, plaque

réfrigération : 2 h 00

5 Laisse refroidir tes sablés avant de les servir.

PAINS AU CHOCOLAT

pour 6 pains au chocolat

- *2 rouleaux de pâte feuilletée*
- *12 barres de chocolat noir*
- *1 œuf*
- *2 cuillères à soupe d'eau*
- *farine*

⇧ INGRÉDIENTS

ÉTAPES ⇩

1 Étale bien la pâte feuilletée sur le plan de travail fariné.

2 Découpe 6 rectangles identiques, et dépose 2 barres de chocolat noir sur chacun d'eux.

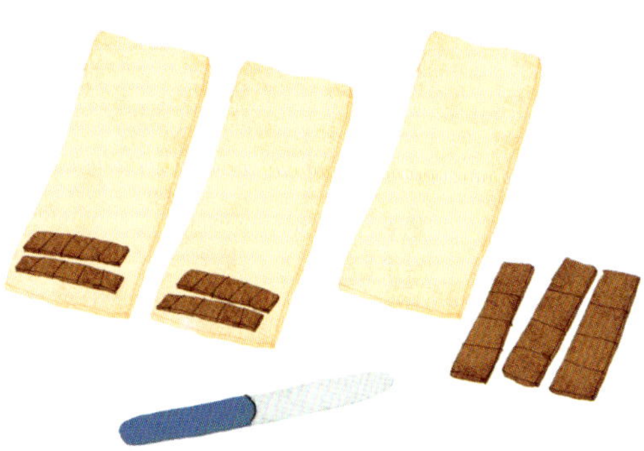

3 Roule les rectangles sur eux-mêmes en formant des petits pains.

4 Fouette le jaune d'œuf en lui ajoutant 2 cuillerées à soupe d'eau, puis badigeonne le dessus de tes pains au chocolat de ce mélange.

les ustensiles
★ couteau, fourchette, cuillère à soupe, pinceau, plaque

5 Dépose les pains au chocolat sur une plaque beurrée allant au four. Fais cuire à four chaud (180 °C) pendant 35 min environ.

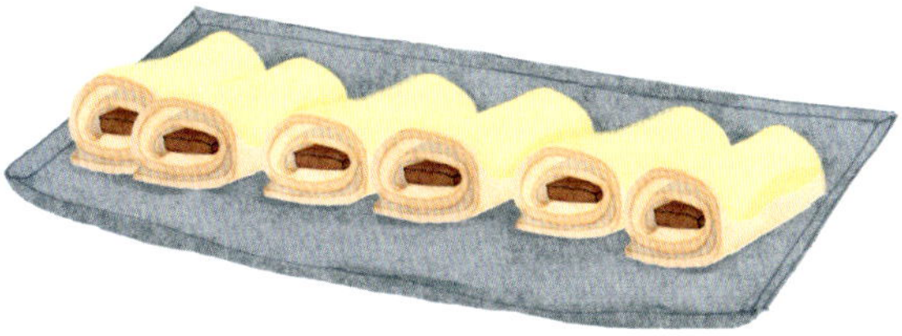

MADELEINES

pour une douzaine de madeleines

- ⋆ 3 œufs
- ⋆ 100 g de sucre en poudre
- ⋆ 1 pincée de sel
- ⋆ 100 g de farine
- ⋆ 100 g de beurre
- ⋆ quelques gouttes d'arôme vanille
- ⋆ 1 cuillère à café rase de levure chimique

↑ INGRÉDIENTS

ÉTAPES ↓

1 Fouette les œufs avec le sucre et le sel.

2 Ajoute la farine, le beurre fondu et refroidi, la vanille et la levure. Laisse reposer au réfrigérateur pendant 30 min.

3 Beurre le moule à madeleines, puis remplis chaque compartiment de pâte à l'aide d'une cuillère à café.

4 Fais cuire à four chaud à 180 °C pendant 5 à 10 min, jusqu'à ce que les madeleines prennent une légère teinte blonde.

les ustensiles
★ moule à madeleines, verre doseur, balance, cuillère à café, fouet

réfrigération : 0 h 30

GÂTEAU AU YAOURT

pour 6 personnes

- *1 yaourt nature*
- *2 pots de yaourt de sucre en poudre*
- *3 pots de yaourt de farine*
- *2 œufs*
- *½ pot d'huile d'arachide*
- *1 sachet de levure chimique*
- *1 sachet de sucre vanillé*
- *beurre*

⇧ INGRÉDIENTS

ÉTAPES ⇩

1 Vide le pot de yaourt dans un saladier. Ajoute le sucre et mélange bien.

2 Verse la farine pour obtenir une pâte épaisse.

3 Casse les œufs dans la pâte, mélange le tout, puis intègre l'huile en filet, le sucre vanillé et la levure, sans cesser de remuer.

4 Verse le tout dans un moule beurré et fais cuire à four chaud (160 °C) pendant 45 min environ.

les ustensiles

★ saladier, maryse, moule à manqué, couteau

Astuce

Donne encore plus de saveur à ton gâteau en intégrant à la pâte des zestes de citron, 1 cuillère à café d'arôme vanille ou encore des pépites de chocolat !

MINIPROFITEROLES GLACÉES

pour 20 profiteroles
* 20 petits choux
* 125 g de chocolat noir
* 40 g de beurre
* glace à la vanille

INGRÉDIENTS

ÉTAPES

1 Découpe le haut des petits choux.

2 Dans une petite casserole, fais doucement fondre le chocolat en morceaux et le beurre.

3 Pendant ce temps, garnis chaque petit chou d'une boule de glace à la vanille.

4 Répartis les petits choux dans des assiettes à dessert.

les ustensiles

* balance, cuillère à glace, couteau, planche à découper, casserole, assiettes à dessert

5 Nappe-les de sauce chocolat et sers immédiatement.

COMPOTE DE FRUITS

pour 6 personnes

- ★ 1 kg de fruits de saison
- ★ 100 g de sucre en poudre (ou cassonade)
- ★ ¼ ou ½ litre d'eau

INGRÉDIENTS

ÉTAPES

1 Épluche et découpe les fruits en morceaux.

2 Dans une grande casserole, fais cuire les fruits à feu doux avec l'eau et le sucre.

3 Mélange régulièrement pour ne pas laisser accrocher le fond de la casserole.

4 Sers la compote tiède ou froide.

les ustensiles

★ épluche-légume, couteau, casserole, planche à découper, verre doseur, cuillère en bois

Astuce

Tu peux servir la compote accompagnée de gâteaux secs ou de fromage blanc.

RIZ AU LAIT CHOCOLATÉ

pour 6 personnes

- 250 g de riz rond
- 50 g de cacao amer en poudre
- 4 cuillerées à soupe de sucre en poudre
- le zeste d'1 citron
- 1 litre de lait
- beurre

INGRÉDIENTS

ÉTAPES

1 Dans une grande casserole remplie d'eau bouillante, fais blanchir le riz pendant 3 min, puis égoutte-le.

2 Mets le riz dans un grand plat beurré allant au four.

3 Saupoudre la surface du riz du cacao en poudre, du sucre et du zeste de citron.

4 Recouvre le riz du lait froid et fais cuire à four chaud (180 °C) pendant 1 h. Sers encore tiède.

les ustensiles

* verre doseur, cuillère à soupe, couteau, casserole, passoire, plat à gratin, zesteur

Astuce

Prépare des portions individuelles en versant la préparation dans des ramequins avant d'enfourner.

AU MENU
BOISSONS

Citronnade et orangeade
Granités de fruits
Chocolat chaud

CITRONNADE ET ORANGEADE

Pour 6 personnes
- ★ 4 citrons ou 4 oranges
- ★ 1,5 litre de limonade nature
- ★ quelques glaçons

⇧ INGRÉDIENTS

ÉTAPES ⇩

1 À l'aide d'un zesteur, râpe l'écorce d'1 citron ou d'1 orange pour en recueillir le zeste.

2 Presse les citrons ou les oranges à l'aide d'un presse-agrume. Verse le tout dans une cruche.

3 Ajoute la limonade bien fraîche et mélange-la délicatement au jus de fruit.

4 Ajoute quelques glaçons au moment de servir, ainsi que le zeste des citrons ou des oranges.

les ustensiles
* presse-agrume, cruche, mélangeur, zesteur

↘ Astuce

Pour décorer tes verres d'un bord de givre, verse un peu de sirop et de sucre en poudre dans 2 coupelles distinctes. Trempe ensuite le bord d'un verre dans le sirop, puis plonge-le dans le sucre.

GRANITÉS DE FRUITS

Pour 6 personnes

* 400 à 500 g de fruits frais de saison
* 100 g de sucre semoule ou de cassonade
* 1 litre d'eau
* cerises confites

⇧ INGRÉDIENTS

ÉTAPES ⇩

1 Lave les fruits et écrase-les bien à l'aide d'une fourchette.

2 Dans un saladier, mélange le sucre et l'eau, puis ajoute les fruits écrasés.

3 Verse la préparation dans des petits récipients en verre épais résistant au froid, et garde-les au congélateur pendant au moins 2 h.

4 Remue le mélange toutes les demi-heures pour obtenir un bel aspect granité.

les ustensiles
★ cure-dents, balance, verre doseur, fourchette, saladier, mélangeur, petits récipients en verre

réfrigération : au moins 2 h 00 au congélateur

5 Au moment de servir, tu peux poser sur chaque coupe une minibrochette de cerises confites enfilées sur un cure-dents.

CHOCOLAT CHAUD

Pour 4 tasses
- ★ 150 g de chocolat noir
- ★ 1 litre de lait
- ★ 1 petit verre d'eau

⇧ INGRÉDIENTS

ÉTAPES ⇩

1 Casse la tablette de chocolat en petits morceaux.

2 Fais fondre les morceaux de chocolat doucement avec un peu d'eau dans une casserole.

3 Ajoute ensuite le lait et porte jusqu'à ébullition sans cesser de remuer pour obtenir un mélange bien onctueux.

↘ Astuces

Au moment de servir, tu peux ajouter sur le dessus de ton chocolat des copeaux de chocolat noir, ou le déguster avec une minibrochette de morceaux de guimauve enfilés sur un cure-dents.

les ustensiles

★ balance, verre, casserole, cuillère en bois